TOUT CE QU'IL FAUT SAVOIR L'OCTODON

Mirabelle C. VOMSCHEID

Tout ce qu'il faut savoir sur l'octodon

Illustrations des octodons : Richard Géhénot

Réalisation de la couverture : Amaël Vomscheid

Édition : BoD™ - Books on Demand, 12/14 rond-point des Champs Elysées, 75008 Paris, France. Imprimé par BoD™ - Books on Demand GmbH, Norderstedt, Allemagne.

SOMMAIRE

Présentation..5
   Sa carte d'identité...6
   Les origines de l'octodon...8
   Les couleurs et marquages chez l'octodon..9
Accessoires et environnement de l'octodon..11
   Comment aménager l'environnement de l'octodon................................11
   Entretien de l'environnement de l'octodon..15
L'alimentation...18
Comment apprivoiser un octodon..25
Comprendre le comportement de l'octodon..30
   Le langage du corps entre congénères..30
   Le langage du corps avec le maître...32
   Le langage par les vocalises..33
Les maladies de l'octodon..35
   Les causes à l'origine d'une maladie...35
   Comment reconnaître un octodon malade ?..36
   Quelques exemples de maladies de l'octodon......................................37
La reproduction..40
Prendre soin de son octodon...44
Les sorties hors de la cage..45
La cohabitation avec d'autres espèces...48
   CONCLUSION..52

Présentation

Le Dègue du Chili, ou plus communément appelé octodon, est un petit rongeur fascinant aux allures de gerbille et d'écureuil. Qui est-il vraiment ?

Quand notre regard rencontre celui d'un octodon, on ne peut être que charmé. Ce petit rongeur à l'œil expressif ne laisse pas indifférent, mais avant de prendre la décision d'en acquérir un, il n'est pas inutile de se poser un bon nombre de questions à son sujet sur son mode de vie, son comportement, son régime alimentaire, son espérance de vie et les soucis de santé qu'il peut rencontrer. Il ne faut pas oublier que l'octodon, contrairement à d'autres petits rongeurs, est un animal qui demande plus d'entretien qu'une souris, une gerbille ou un hamster. Il a en effet cette tendance à marquer tous les coins de son habitat et n'a aucun sens de la propreté, il urine partout. Ce point n'est pas négligeable avant de se décider pour un octodon, d'autant qu'il faudra en prendre deux et pas un seul car c'est un animal qui a besoin d'un congénère pour être heureux et aussi d'un humain ! Des octodons apprivoisés feront votre bonheur car ils viendront facilement vers vous. Il est donc important de passer beaucoup de temps avec eux. À cela, il faut ajouter leur espérance de vie qui est bien plus longue que les autres petits rongeurs.

Sa carte d'identité

Classe : mammifère

Ordre : rongeurs

Sous-ordre : caviomorphe qui désigne les rongeurs hystricomorphes d'Amérique du Sud. Ce sont notamment les cousins des cochons d'inde et des chinchillas !

Famille : Octodontidés qui représentent les rongeurs d'Amérique du Sud avec une queue longue, des oreilles rondes et des pattes courtes.

Pays d'origine : A l'état sauvage, ce petit rongeur vit dans les plaines et les montagnes du Chili, d'où son nom de dègue du Chili..

Taille du corps : entre 12,5 à 19,5 cm avec une queue de 6 à 10 cm.

Poids : entre 170 à 300 grammes, en sachant que la femelle est plus lourde que le mâle.

Dentition : 20 dents à pousse continue de couleur orange qui est un signe de bonne santé

Pattes : chaque patte possède cinq doigts

Gestation : 87 à 93 jours

Nombre de petits : Il peut avoir jusqu'à 6 petits par portée

Poids à la naissance : entre 15 et 20 grammes

durée de lactation : 4 à 6 semaines

Maturité sexuelle : 15 mois pour les femelles, 6 mois pour le mâle

Durée de vie : 6 à 8 ans

Mode de vie : diurne et aime vivre en groupe

Caractéristiques : Il est de couleur agouti avec le ventre plus clair, et le bout de sa queue forme un pinceau noir. Il a les dents naturellement orange, tout ce qu'il y a de plus normal chez lui.

Les origines de l'octodon

Il doit son nom à son groupe d'appartenance, les Octodontidés. En grec, « okto » veut dire huit et « odontos » dents. Cela fait référence à leurs molaires et prémolaires qui ont la forme d'un huit.

À l'état sauvage, on dénombre 1700 espèces différentes. L'octodon vit uniquement en Amérique du Sud dans le Chili central et on ne le trouve pas ailleurs. Il vit au milieu de plaines arides sur lesquelles poussent peu d'arbustes. L'été, il y fait très chaud et sec tandis que les hivers sont froids et humides.

Il vit dans des terriers où il creuse des galeries qui sont reliées les unes aux autres par des chambres, qui servent de repos, de réserves de nourriture ou de chambre pour mettre au monde les bébés. Ces galeries qui sont creusées en profondeur permettent à l'octodon de survivre durant les périodes très chaudes car la température y est agréable.

Il vit toujours en clan avec un mâle pour trois femelles et ces clans peuvent former une colonie d'une centaine d'individus qui se déplacent peu quand les femelles sont gestantes. Les petits naissent au début de l'été et les clans se rassemblent quand l'hiver se termine.

À l'état sauvage, l'octodon est un herbivore strict qui mange ce qu'il trouve au ras du sol ou alors il grimpe dans les arbres pour se nourrir de végétation, de racines ou d'écorces. Durant les périodes de sécheresse, il s'abreuve de gouttes de rosée.

Les octodons domestiqués n'ont pas ces mêmes difficultés, mais il est important de reproduire au mieux leur environnement naturel.

Les couleurs et marquages chez l'octodon

La couleur la plus courante chez l'octodon est la couleur agouti qui correspond à la couleur de l'octodon sauvage. Mais on observe depuis quelque temps des mutations chez les octodons avec l'apparition de la couleur bleue, champagne, sable et noir, ainsi que le marquage patché. On entend souvent dire que les mutations d'octodons les rendraient plus fragiles, mais à ce jour, rien de concret n'a pu être démontré.

L'octodon agouti : Sa couleur dominante est le brun foncé. A la base son poil est noir et plus clair à l'extrémité. Sur le ventre, le cou et

le contour des yeux, les poils sont plutôt de couleur sable. Quant à la queue, elle est noire à l'extrémité.

L'octodon bleu : Sa couleur dominante est gris bleuté avec des nuances de brun plus clair que l'octodon agouti. Comme pour l'agouti, le ventre, le cou et le contour des yeux sont beaucoup plus clair que le pelage du dos.

L'octodon sable : C'est une couleur très rare dans le monde et dont l'espèce souffre de problèmes de santé. Il est de couleur orangé avec, comme pour les autres couleurs d'octodons, le ventre, le cou et le contour des yeux plus clairs.

L'octodon noir : La couleur de l'octodon noir est en réalité un octodon de couleur brun très très foncé que l'on trouve difficilement et dont la génétique est actuellement peu connue.

L'octodon patché : Il s'agit d'un octodon agouti avec des tâches blanches sur le corps.

Accessoires et environnement de l'octodon

Comment aménager l'environnement de l'octodon

Avant d'accueillir des octodons chez soi, il est important d'aménager leur environnement avec leur arrivée. De nature, les octodons sont des petits rongeurs très actifs qui ont besoin de jeux et d'accessoires pour se divertir, se cacher et ronger. Ils aiment grimper un peu partout d'où l'intérêt de prévoir un environnement avec des étages et des échelles. L'idéal est de les installer dans une volière qui soit large et haute ou dans une cage pour chinchillas mais si les octodons sont adoptés petits, ils risquent de passer au travers des barreaux. Il faut donc s'assurer de leur sécurité en premier lieu.

Pour divertir ses octodons, rien de mieux que de leur mettre à disposition de quoi ronger ! Car ce sont des rongeurs qui rongent tout ce qu'il y a à portée de leurs dents. Il est d'ailleurs déconseillé de leur mettre une cage avec un bac en plastique, ils risqueraient de le ronger.

Voici une liste d'accessoires indispensables à leur donner :

- une roue, si possible en fer comme la photo ci-dessus à gauche, car en bois ou en plastique, elle finira par être rongée comme on peut le voir sur la photo de droite.
- des troncs en liège

- des tunnels en plastique dur ou en carton (qu'ils rongeront). Pensez aux rouleaux de linoléum que l'on peut demander dans les magasins de bricolage !
- Des échelles pour le plaisir de grimper et surtout pour éviter à vos octodons d'avoir des espaces non sécurisés dans leur cage. Il est préférable de ne pas mettre d'échelles en plastique ou en bois, car elles risquent d'être grignotées.

- Plusieurs étagères en bois bien dur pour mettre dans la cage et recouverte d'une protection afin que le bois ne se gorge pas des pipis que les octodons font un peu partout.
- des cabanes où se cacher
- un bac à sable (essentiel pour l'octodon, car le sable leur sert à nettoyer et lustrer leurs poils)
- un biberon
- plusieurs écuelles pour la nourriture selon le nombre d'octodons dans la cage. Il faut savoir que les octodons peuvent se battre pour de la nourriture, surtout quand celle-ci vient d'être posée dans leur cage. Il est par conséquent intéressant de prévoir plusieurs écuelles pour éviter que la situation dégénère et finisse en bagarre !

Exemple d'une cage pour chinchillas aménagée pour des octodons

- Des copeaux de chanvre pour mettre au fond de la cage. Il faut éviter les copeaux de bois classiques qui sont une source considérable d'allergie.

Entretien de l'environnement de l'octodon

L'octodon n'est pas réputé pour sa propreté. C'est un rongeur très sale qui fait pipi et crotte partout dans sa cage. L'avantage est que les crottes ne salissent pas les accessoires, en revanche, les pipis sont un énorme inconvénient car il en fait vraiment partout, y compris dans les cabanes où il dort et il arrive souvent que l'urine salisse tout ce qui est autour de la cage et dégouline le long des barreaux ! Pour cette raison, il est intéressant de mettre des plaques en plastique transparent pour protéger un mur par exemple.

Il est par conséquent important de faire attention aux choix des accessoires. Les accessoires en plastique dur seront mieux que ceux en bois pour le nettoyage. Mais attention à bien choisir du plastique bien épais qui ne risque pas d'être rongé. Pour le matériel en bois, il faut le nettoyer avec une brosse et du vinaigre blanc et laisser sécher au soleil par exemple ou devant un radiateur l'hiver.

Quelque soit le nettoyage, le vinaigre blanc (pour désinfecter et désodoriser) et un peu de savon noir liquide pour enlever les traces de pipis feront l'affaire, car ce sont deux produits non toxiques pour les animaux et qui contribuent à la protection de l'environnement.

Il faut bannir l'eau de javel, sauf en cas de teigne par exemple pour éradiquer des champignons. En effet, la combinaison de l'urine, qui contient de l'ammoniaque, avec de la javel est toxique car elle dégage un gaz irritant qui s'attaque aux voies respiratoires, aux yeux et à la peau. Si l'on est obligé d'en arriver là, il faut bien rincer tout ce qui aura été nettoyé à l'eau de javel.

Le tableau suivant récapitule les bons gestes à adopter tout au long de l'année pour le confort de vos octodons.

Entretien quotidien	- chaque jour, jeter les restes de foin, de légumes et le contenu des écuelles. - changer l'eau du biberon en nettoyant l'intérieur avec un goupillon. - passer un coup d'éponge avec du vinaigre blanc sur les auréoles de pipis qui sont sur les planches
Entretien hebdomadaire	chaque semaine, enlever toutes les crottes qui traînent dans la cage (cabanes, étages, tunnels) et bien frotter l'ensemble des planches pour enlever toutes les traces de pipis
Entretien mensuel	nettoyer avec du savon noir et désinfecter avec du vinaigre blanc tous les accessoires de la cage, y compris l'intérieur des cabanes.

L'alimentation

Une alimentation saine et équilibrée est essentielle chez l'octodon, car ce petit rongeur est prédisposé à l'obésité et au diabète et comme tous les rongeurs, il a besoin d'un apport important de fibres afin d'éviter les troubles digestifs. Sa nourriture de base se constitue de graines diverses, de céréales, de fleurs et feuilles séchées et de foin.

SES BESOINS ALIMENTAIRES

- **Le foin** est l'élément de base. C'est l'un des aliments qui n'entraîne pas de diarrhées car il s'agit d'herbes séchées. Mais on peut ajouter deux à trois fois dans la semaine des végétaux frais ou des légumes verts. Il est important de choisir un foin qui soit odorant et vert ! Il faut éviter du foin qui ressemble à de la paille. Le foin de fléole est un foin à recommander !

- ***Ses besoins en vitamines*** : comme le cochon d'inde, il a besoin d'un apport régulier en vitamine C que l'on peut donner directement à la seringue (pour éviter que cette vitamine se désagrège dans l'eau de biberon). Les autres vitamines dont il a besoin sont en général contenues dans les mélanges « spécial octodon ». Les vitamines B et K font partie des vitamines qui sont synthétisées par les bactéries du tube digestif de l'animal pendant la digestion et que l'octodon absorbe le matin en mangeant ses crottes molles.
- ***Les protéines***, uniquement végétales, sont très importantes pour son équilibre alimentaire. Elles se trouvent dans les graines qui constituent sa nourriture de base.
- ***L'eau*** : un élément indispensable qu'il faut mettre à portée de l'octodon dans un biberon dont on changera l'eau chaque jour pour éviter le développement de bactéries. Il est préférable d'utiliser une eau de source ou pauvre en calcium. Mettre une gamelle d'eau est peu recommandée, car elle risque d'être renversée ou souillée par l'octodon.

Quels mélanges de graines donner ?

Les graines constituant la base de l'alimentation en captivité de l'octodon, il est important de choisir celles qui lui conviennent le mieux. Il existe en animalerie des mélanges conçus pour les octodons, mais qui, souvent, ne sont pas équilibrés d'autant que l'octodon, comme beaucoup de rongeurs a tendance à trier ce qu'il a dans sa gamelle. Ils sont en outre trop gras et trop sucrés, ce qui favorise le diabète. La nourriture de l'octodon se rapproche  de celle du chinchilla, on peut par conséquent lui acheter des granulés destinés au chinchilla. L'avantage des granulés est l'impossibilité de l'octodon à trier le mélange qui n'en est pas un car tout est concentré dans les granulés. Cela évite le gaspillage et aussi le déséquilibre alimentaire. Il est important de vérifier la composition des mélanges tout prêts et de s'assurer qu'ils ne contiennent pas par exemple de betterave ou carotte séchées, comme on le voit dans un bon nombre de mélanges. Il faut bannir tout ce qui est sucré pour son bien-être.

Mais le mieux est de concevoir un mélange fait maison et finalement plus économique et bien meilleur pour la santé de son rongeur. Le mélange maison est constitué de graines ou céréales bio que l'on trouve dans le rayon bio des grandes surfaces ou dans les rayons diététiques. Il faut choisir des boîtes ne contenant aucun ajout de sucre et prendre de préférence les mélanges « muesli ». A ce mélange, on pourra ajouter avec parcimonie quelques friandises. Attention à ne pas laisser de raisins secs dans ce mélange, car c'est une vraie source de sucre très mauvaise pour l'octodon.

Quelles friandises donner ?

Les friandises ne doivent surtout pas être issues de l'alimentation humaine, car elles sont riches en sucres et en graisses. On pourra donner à son octodon des friandises spéciales chinchilla comme les pétales de rose, baies d'églantier, mélange sec de légumes (pauvres en sucre) ou des feuilles et fleurs séchées comme on peut le voir sur les photos ci-contre. Il faut absolument éviter les copeaux de caroube que les octodons adorent mais qui sont très mauvais pour eux car trop riches en sucres.

On pourra lui offrir de temps en temps une feuille de pissenlit fraîche, un petit morceau de feuille de salade, une feuille de noisetier ou un petit quartier de pommes.

Les aliments à proscrire

- *Le chocolat* contient une substance toxique pour l'octodon, il est donc à proscrire même si vous avez le sentiment que votre octodon aimerait y goûter ! Il est d'ailleurs toxique pour tous les animaux car il contient de la théobromine, une molécule contenue dans le cacao, qui est dangereuse quand elle est stockée en grande quantité dans le foie. Contrairement aux humains les animaux ne l'éliminent pas assez rapidement, ce qui entraîne une toxicité.

- Les graines de tournesol, les cacahuètes et noix qui sont trop grasses et favorisent l'obésité. On peut occasionnellement donner une noisette (comme la photo ci-contre)

- Tous types de gâteaux sucrés ou salés qu'ils soient industriels ou faits maison.

- *Les barres de céréales et drops* vendus dans le commerce, même s'ils sont destinés aux rongeurs, sont un véritable condensé de sucre très mauvais pour l'octodon et tous les rongeurs !

Les plantes sauvages et celles du jardin

Pour faire plaisir à son octodon, on peut lui donner de temps en temps des feuilles du jardin en friandise ou alors les faire sécher et lui donner l'hiver quand il n'y a plus de verdure fraîche à disposition.

Dans le jardin, vous pourrez lui cueillir des feuilles de framboisier ou de fraisier et lui en donner une feuille ou deux. Selon les goûts des uns et des autres, ils aimeront ou n'aimeront pas ! Tout dépend comment vous habituez votre octodon jeune. Il peut également avoir une feuille de noisetier et vous pouvez aussi lui couper des branches de noisetier qui ne sont pas toxiques et dont il se fera un plaisir de ronger. En lui coupant une grande branche, il retrouvera un peu de son environnement naturel et pourra grimper dessus !

Dans la nature, il pourra apprécier de manger des feuilles de pissenlit ou de plantain et aussi des fleurs de pissenlit.

Toutes ces feuilles sont naturelles et peuvent faire le régal des octodons qu'elle soient fraîches ou séchées. Pour les faire sécher, il suffit de les mettre dehors en plein soleil pour ce qui est des feuilles de framboisier, noisetier et fraisier. En revanche, il est préférable de ne pas le faire pour les pissenlits et plantain qui risquent de brûler au soleil. Le mieux est de les laisser dehors quand il fait chaud mais à l'ombre et en retournant les feuilles de temps en temps.

Il faut savoir que certains octodons n'aiment pas manger ce style de feuilles. Tout dépend si vous avez eu vos octodons jeunes et les avez habitués à avoir une nourriture variée. Il en est de même pour les légumes. Il faut les habituer jeunes.

Comment apprivoiser un octodon

L'octodon fait partie de ces rongeurs qui s'apprivoisent assez facilement si l'on prend le temps de communiquer avec lui et de ne pas le brusquer. Comme tous les rongeurs, il y a aura des octodons qui s'apprivoiseront plus facilement que d'autres. Tout dépend en réalité du caractère de l'animal. Certains sont craintifs, timides, d'autres agressifs ou méfiants ou bien encore curieux et très sociables et à la découverte de tout ce qui est nouveau. Son cadre de vie aura une influence sur son apprivoisement. Il est important de ne pas se précipiter au risque de retarder la période de son apprivoisement.

Comment l'apprivoiser ?

Comme la plupart des animaux, le moyen le plus simple pour l'apprivoiser consistera à l'appâter avec de la nourriture. On commencera par lui donner une friandise du bout des doigts, puis on continuera en la mettant dans la paume de la main et ensuite, on essayera de faire monter son octodon sur son bras pour qu'il prenne l'habitude d'avoir un contact étroit avec son maître, puis sur son épaule. Mais il ne faudra pas le brusquer s'il n'ose pas prendre la nourriture à ce niveau ! Quand l'octodon se sentira en confiance, on tentera de le caresser tout doucement derrière l'oreille, mais sans appuyer, car il n'apprécierait pas. Certains s'enfuiront tandis que d'autres se laisseront faire. Tout dépend du caractère et de ses origines. Issu d'élevages intensifs, il y a peu de chance pour obtenir un apprivoisement rapide.

Voici ici un octodon très curieux qui regarde et attend que sa maîtresse lui donne à manger !

Les conseils pour réussir l'apprivoisement

Il ne faut jamais prendre un octodon par la force, cela ne ferait que le braquer et il craindrait son maître. Il poussera en outre un cri de détresse, semblable à un cri nasillard qui soulignera qu'il ne veut pas être porté. Il faut lui apprendre son nom et prendre l'habitude de lui parler en prononçant son nom à maintes reprises pour qu'il le reconnaisse et sache qu'on s'adresse à lui. En l'appelant, il viendra voir plus facilement ce qui se passe et ira près de la porte d'entrée de sa cage pour attendre son maître.

Un octodon qui mordille les doigts ou les lèche n'est pas un rongeur agressif, mais un animal qui montre son affection, alors laissez le faire, sauf s'il venait à vous attaquer sauvagement, mais cela est peu probable et même rare. L'octodon est très gentil.

Comment câliner son octodon ?

Une fois qu'il sera habitué à monter sur son maître, l'octodon sera friand de câlins et de caresses derrière les oreilles, sur la joue ou entre les deux pattes avant près de la poitrine. Il lèvera alors la patte pour montrer son contentement et pourra aussi fermer les yeux quand on lui fera une caresse près de l'oreille. Il pourra aussi émettre des gazouillis, semblables à ceux qu'il fait avec son congénère quand il a la chance d'en avoir un.

Ici on voit à quel point cet octodon est stressé devant son maître, bâille comme s'il n'était pas là !!! Les octodons s'habituent facilement à la présence des humains autour de leur cage et ne sont pas stressés.

Comment porter son octodon ?

Ce point est très important, car certains octodons n'aimeront pas être portés tant qu'ils ne l'auront pas décidé eux-mêmes. La première chose à ne jamais faire est de prendre un octodon par la queue, elle pourrait se briser et cela lui ferait très mal ! Il est également primordial de ne jamais saisir un octodon par le dessus, car son instinct lui rappellerait qu'il est en danger. Dans la nature, c'est ainsi que procèdent ses prédateurs : ils le saisissent par le dos. La meilleure façon de procéder consiste à glisser ses mains sous son ventre s'il le souhaite. Il suffira alors de tendre ses mains et d'attendre qu'il monte de lui-même. Si cela marche, il y a de fortes chances qu'il aille à la découverte de votre bras et de votre épaule. Mais tous les octodons ne se comportent pas ainsi malheureusement. Certains resteront toujours très craintifs et il sera difficile de les prendre.

Pour espérer avoir un contact étroit avec son octodon, le mieux est de lui accorder des moments de liberté dans une pièce où il va avoir le loisir de découvrir son nouvel environnement et aussi son maître qui, durant cette phase, sera installé sans bouger à même le sol et attendra que son compagnon monte sur lui. Il ne faut pas s'attendre à le voir venir sur son maître dès la première fois ! Attention, lors de ces sorties, c'est un petit rongeur qui dévore tout et abîme tous les meubles en bois !

Comprendre le comportement de l'octodon

L'octodon fait partie de ces petits rongeurs qui communiquent beaucoup en utilisant leur corps, leur voix, les odeurs et aussi les contacts physiques avec leurs congénères ou leur maître. Être capable de décrypter ce que dit ou fait un octodon est l'assurance d'une bonne communication entre le maître et son animal.

Le langage du corps entre congénères

Lorsque deux octodons font connaissance, ils se saluent en frottant le bout de leur nez l'un contre l'autre. Une fois qu'un octodon est introduit et accepté dans un groupe, on peut constater qu'ils établissent un contact entre eux qui se manifeste de plusieurs façons :

- Deux octodons qui se nettoient mutuellement et qui gazouillent en se faisant des papouilles sont deux animaux heureux ensemble.

- Lorsque que deux octodons se mettent face à face sur leurs pattes arrière et qu'ils placent leurs pattes avant sur les épaules de l'autre comme pour faire une partie de catch, il ne s'agit pas du début d'une bagarre comme on aurait tendance à le croire, mais un jeu entre eux durant lequel ils gazouillent beaucoup pour souligner leur bonne entente. La photo ci-dessous montre le lien entre les deux octodons qui sont contents de dormir ensemble, c'est chose courante chez les octodons !

- Un octodon qui se tient droit comme un « i » en position figée est un animal à l'écoute des bruits environnants et prêt à donner le signal d'alarme en cas de danger.

- S'il se tient le dos voûté avec le poil hérissé, l'octodon est malade. Il faut alors prévoir une consultation rapide chez le vétérinaire pour savoir ce qu'il a.

- Un octodon peut hérisser son poil à la vue d'un congénère qu'il n'affectionne pas. Cette attitude peut engendrer une bagarre qu'il est facile d'éviter en séparant les deux individus concernés.

Le langage du corps avec le maître

Il est assez limité comparé au langage corporel avec ses congénères. Un octodon qui saute d'emblée sur les genoux, les bras ou mains de son maître quand il le voit approcher de sa cage est un rongeur heureux de retrouver son maître. Pour montrer sa satisfaction d'être avec son compagnon humain, il arrive que l'octodon urine sur lui pour marquer son territoire par son odeur et souligner qu'il est bien avec lui. Comme d'autres petits rongeurs, l'octodon peut être amené à mordiller les doigts, c'est un moyen pour lui de découvrir son maître, sans aucune agressivité.

Le langage par les vocalises

Les octodons sont des animaux qui ont beaucoup de choses à raconter et aiment communiquer par la voix pour se faire comprendre. On entend souvent son octodon gazouiller en journée, il le fait encore plus souvent quand il ne vit pas seul, et ce gazouillis est synonyme de bien-être. On l'entend notamment quand il fait des câlins à son partenaire. À l'opposé de ce comportement, l'octodon peut se mettre à crier pour diverses raisons :

- Lorsque les cris sont stridents et réguliers, comme si l'octodon aboyait, il montre qu'il a peur de quelque chose. Cela se produit quand il entend un bruit soudain dans la maison ou quand on arrive sans prévenir près de sa cage par des mouvements brusques. Pour lui, cela est assimilé à la menace d'un prédateur. Il est d'ailleurs déconseillé de placer une cage au sol et de regarder son rongeur de dessus, car il y voit l'ombre d'une menace. Pour tranquilliser son animal, il suffit de lui parler doucement et il sera rassuré.

- Lorsque les cris ne sont pas réguliers, l'octodon veut au contraire attirer l'attention sur lui. Soit il s'ennuie tout seul, soit il meurt de faim ou alors il veut être tranquille car son compagnon l'embête.

- Quand un octodon mâle vit avec une femelle, s'il se met à crier durant un laps de temps assez long, c'est qu'il vient de s'accoupler avec sa compagne. Il arrive aussi que les mâles le fassent entre eux !

L'octodon est un animal surprenant par ses nombreux langages et intéressant à regarder sans se lasser. En prenant l'habitude de l'observer, on ne le comprendra que plus aisément.

Les maladies de l'octodon

Pour qu'un octodon soit en bonne santé et ne tombe pas malade, il faut veiller à lui apporter une alimentation équilibrée et une excellente hygiène de vie. Comme beaucoup de rongeurs, l'octodon peut être confronté à la maladie dont certaines sont récurrentes, comme c'est le cas de la malocclusion dentaire, l'obésité, la cataracte ou bien encore les problèmes respiratoires et les problèmes cutanés. En étant vigilant, on peut réduire ces risques de maladies ou en connaître les premiers signes.

Les causes à l'origine d'une maladie

Une alimentation inadaptée, pauvre en foin et riche en graisses et sucres, favorisera les malocclusions dentaires et le diabète. Le foin est nécessaire à tous les rongeurs, car il leur permet de limer les molaires qui sont à pousse continue. Lorsque ces dernières sont trop longues, elles forment un arc de cercle sur la langue, empêchant l'octodon de se nourrir. Une intervention chirurgicale est alors nécessaire. Un octodon qui aura une alimentation déséquilibrée va souffrir de diabète, une maladie à laquelle il est prédisposé. Un risque de diabète a des conséquences sur la vue de l'octodon qui pourra souffrir de cataracte et devenir aveugle.

Une eau souillée ainsi que du foin moisi peuvent entraîner des problèmes digestifs graves allant de la diarrhée à une stase gastrique qui se caractérise par une accumulation de gaz dans les intestins et un arrêt du transit. Les rongeurs n'ont pas cette faculté de pouvoir rejeter les gaz, ce qui les empoisonne et a pour conséquence leur décès, car les organes se retrouvent compressés par les gaz et l'animal étouffe avec la pression exercée sur les poumons.

S'il vit dans une pièce mal aérée et exposée au tabac ou à des parfums d'ambiance, l'octodon a toutes les chances de développer des maladies respiratoires. Ses chances d'être malade seront encore plus grandes si sa cage est place au milieu des courants d'air.

Comment reconnaître un octodon malade ?

- Certains comportements de votre petit rongeur peuvent vous indiquer qu'il est malade. Lorsque ce dernier se met à boire excessivement, cela peut être un signe de diabète.
- Lorsqu'il a de la diarrhée ou que ses crottes se raréfient, il faut s'inquiéter car l'octodon peut souffrir de stase gastrique. En

général ces symptômes s'accompagnent d'une perte d'appétit, de léthargie et d'un gonflement du ventre.

- Les dents d'un octodon sont naturellement orange, c'est un signe de bonne santé. En revanche, si elles perdent de leur couleur, cela est tout sauf normal. Il faut alors se demander s'il n'a pas une carence alimentaire ou s'il ne souffre pas d'un problème dentaire.

- Un octodon qui se met à uriner d'une urine rouge est un octodon qui a peut-être un problème rénal ou une cystite. Mais il ne faut pas confondre l'urine teintée qui est liée à l'absorption d'un aliment coloré dans son alimentation. Il arrive par exemple que l'herbe fraîche colore les urines en orange.

- Une perte de poils ou des démangeaisons peuvent être le signe d'un problème de peau comme la gale, la teigne, des poux, des puces ou une mycose.

Dans tous les cas, il est urgent de consulter un vétérinaire pour qu'il lui donne le traitement approprié.

Quelques exemples de maladies de l'octodon

- **Le diabète** : C'est la maladie la plus fréquente de l'octodon. Elle peut être évitée en faisant attention à l'alimentation de son rongeur. Une nourriture riche en graisses et en sucres favorise le diabète. Mais le diabète peut aussi être génétique, ce qui est souvent le cas chez les octodons prédisposés à cette maladie. Il faut par conséquent être vigilent sur la composition de la nourriture, notamment dans les mélanges tout prêts et s'assurer qu'ils ne contiennent pas d'aliments sucrés.

- **La cataracte** : Il s'agit d'une affection de l'œil conduisant à l'opacité du cristallin (qui devient blanc). Elle est fréquente chez l'octodon âgé et est souvent la conséquence d'un diabète. Mais elle peut aussi être héréditaire ou métabolique. Si tel est le cas, il y a une inflammation de l'œil liée à une infection. On peut traiter avec un collyre et des traitements par voie générale, mais seul un vétérinaire pourra choisir le bon traitement selon les symptômes. C'est une maladie irréversible.

- **La pneumonie** est une maladie grave et souvent mortelle. Les poumons se remplissent de liquide, il s'agit souvent de pus. Elle est d'origine virale ou bactérienne. La pneumonie se manifeste par un bruit à chaque expiration et des mouvements amples du ventre de l'octodon.

- **Les rhinites** sont des infections des voies respiratoires supérieures. Une baisse brutale de température ou une réaction allergique (trop de poussière) peut en être la cause. Les yeux et le nez de l'octodon présentent des écoulements de pus. Il faut nettoyer les yeux et le nez avec du sérum physiologique et mettre des gouttes prescrites par le vétérinaire en cas de rhume et d'yeux purulents. Les antibiotiques peuvent être nécessaires, mais seul un vétérinaire jugera de la gravité de la maladie.

En respectant une bonne hygiène de vie à son octodon, on a toutes les chances de le faire vivre longtemps et de le garder en bonne santé.

La reproduction

Le mâle atteint sa maturité sexuelle vers l'âge de six mois, tandis que la femelle a ses premières ovulations entre le troisième et le quatrième mois. Mais cela peut-être variable car il arrive qu'en captivité les octodons soient plus précoces, surtout chez la femelle. Pour cette raison, il est important de la séparer tôt de son père et de ses frères pour éviter d'avoir une gestation avec des risques de consanguinité, qui risqueraient de faire des futurs octodons des êtres plus fragiles.

Dans tous les cas, il est préférable d'attendre que la femelle ait au moins cinq ou six mois avant d'envisager de la faire reproduire. Cela lui évite d'être fatiguée et surtout de perturber sa croissance.

Le cycle ovarien

La durée du cycle ovarien est de 18 à 21 jours. Une femelle sera donc en chaleur toutes les trois semaines. Dans la nature, les femelles se reproduisent deux fois dans l'année à la fin de l'été jusqu'au début du printemps. Mais en captivité, il n'y a pas de rythme selon les saisons puisque nos octodons sont bien au chaud avec tout le confort à disposition et se reproduisent toute l'année, avec deux à trois portées par an.

Les chaleurs durent deux un à deux jours et elle peut être fertile juste après avoir mis bas. Mais le mâle ne s'accouple pas forcément avec elle à ce moment.

La saillie

Il faut savoir que pour faire reproduire deux octodons, il faut apporter la femelle au mâle, et surtout pas le contraire car le mâle ne pensera qu'à marquer son territoire avant de s'intéresser à la femelle, qui risque de l'accueillir froidement !

Dans un premier temps, il est intéressant de rapprocher les deux cages et d'observer la réaction de la femelle pour voir si elle est intéressée par les avances du mâle. Si c'est le cas, on les mettra ensemble. Le mâle va alors frétiller et trembler. Quand il sentira qu'elle est prête, il lui urinera dessus et la femelle fera la même chose. Chose tout à faire normal lors d'un accouplement !

Si la femelle n'est en revanche pas en chaleur, elle le fera rapidement comprendre au mâle en l'ignorant et ira jusqu'à le mordre s'il se montre trop insistant.

La naissance des petits

Les bébés naissent couverts de poils et ont déjà toutes leurs dents. Ils pèsent entre 14 et 20 grammes et sont déjà capables de se déplacer tout seuls au bout de quelques heures. Leurs yeux sont déjà entrouverts mais ils ne les ouvriront complètement qu'au bout de 48 heures. Ils vont également téter leur maman rapidement. Cette dernière possède huit mamelles.

Les premiers jours, il est important de prendre quelques précautions :

- enlever la terre à bain (le sable) afin d'éviter d'irriter les yeux des bébés.

- Il faut éviter de toucher les petits la première semaine car le lien qui unit la maman et les petits est « faible ». Elle risquerait de rejeter ses petits.

Comparé à d'autres rongeurs, le père participe activement à la vie des bébés en allant leur chercher de la nourriture et il intervient quand un petit chercher à attaquer un autre bébé ou encore quand il s'est égaré.

Le sevrage

Contrairement aux octodons sauvages où la séparation est très tardive, en captivité la maman cherche à éloigner ses petits au bout de 5 à 6 semaines. Les petits sont alors obligés de s'habituer à ne manger que de la nourriture solide. À l'état sauvage, les petits octodons restent avec leurs parents jusqu'à la nouvelle période de reproduction. Ils auront alors 9 mois quand ils quitteront le cocon familial. Ils ne se reproduisent pas autant qu'en captivité. Pour cette raison, il est important de ne pas faire reproduire sans cesse ses octodons, car les femelles se fatigueraient rapidement et de laisser vivre le couple ensemble en envisageant une castration du mâle pour éviter les petits.

Le sexage des octodons

Il n'est pas évident de distinguer le mâle de la femelle car la couleur de poil est la même que chez les mâles. En revanche la femelle est plus grosse que le mâle. Pour les distinguer, il faut regarder la distance entre l'anus et la papille génitale qui est plus petite chez la femelle que le mâle. On ne peut pas se fier aux testicules car ils sont en position intra-abdominale.

Prendre soin de son octodon

Si vous voulez avoir un octodon heureux, l'idéal est d'en prendre plusieurs car ce sont des animaux très sociables. Il est toutefois important de souligner qu'il vaut mieux avoir un mâle pour plusieurs femelles car la cohabitation entre mâles risquent de se dégrader lorsque chacun voudra dominer. Cela entraîne des risques de bagarres. Les bagarres sont moins fréquentes chez les femelles. Il est par conséquent préférable de ne pas faire vivre ensemble des mâles, sauf s'ils sont issus de la même fratrie ou alors s'ils ont été élevés ensemble dès leur plus jeune âge. Une bonne entente entre octodons est la clé du bonheur pour eux !

Il est également important de veiller à leur hygiène, notamment avec le bain de sable. Il faut éviter de laisser aux octodons le bac à sable toute la journée car ils risquent de faire leurs besoins dedans. Mais il est vital qu'ils en aient au moins un à disposition deux heures par jour pour rester propres. En effet, ils produisent trop de sébum et le bain de sable régulera ce souci. Il ne faut surtout pas leur mettre n'importe quel sable. Il s'agit d'un sable spécial pour chinchillas, qui est aussi appelé « terre à bain ». Le sable vendu pour les oiseaux ne leur conviendrait pas.

Pour leur bien-être il est également important de nettoyer régulièrement leur cage car ils la salissent très rapidement !

Enfin, partager des instants de complicité avec des octodons est aussi pour eux un moment de bien-être. En les habituant petits à être manipulés, ils aimeront venir voir leur maître pour avoir une grattouille entre le cou et la patte avant. Quand cela leur plaît, ils le montrent en levant leur patte et attendent les grattouilles.

Les sorties hors de la cage

Une fois que l'octodon sera habitué à son nouvel environnement et qu'il aura pris l'habitude de venir vous voir et de monter sur vous, il sera enfin possible de lui permettre de faire des sorties hors de sa cage. Ces découvertes hors de la cage ne doivent pas se faire n'importe où ! Les octodons sont des castors en miniature. Ils rongent tout ce qu'il ont à portée de truffe et n'hésitent pas à s'attaquer aux fils électriques ou encore aux pieds de table en bois, un bureau, une commande en bois et font des dégâts considérables. Il est donc préférable de le sortir dans une pièce prévue aux sorties des octodons ou encore dans un couloir sans meuble en protégeant les plinthes (si elles sont en bois) avec des planches. Si vous laissez vos octodons sans surveillance, il est certain qu'ils attaqueront tout ce qu'ils trouveront à portée de leurs dents.

Il peut être tentant aussi de mettre des octodons sur un plan de travail ou une table pour mieux les cerner. Mais l'octodon n'a pas toujours conscience des distances et il risque de tomber. Il ne faut pas oublier que c'est un rongeur très rapide et qu'il est difficile de le rattraper quand il ne le veut pas !

Exemple d'un octodon en liberté devant sa cage

Quand ils sont bien apprivoisés, pour les rentrer il suffit de s'asseoir parterre et d'attendre qu'ils montent sur vous sans bouger et ensuite de les saisir fermement. Ou alors, si la cage est dans la pièce où l'octodon est de sortie, il faut attendre qu'il veuille rentrer de lui-même dans sa cage. Mais par expérience, une fois que les octodons sont en vadrouille, ils ont envie d'explorer et il est rare qu'ils rentrent d'eux-mêmes dans leur cage. Une autre possibilité est de leur mettre une boîte en carton dans laquelle on les laissera des friandises. Une fois qu'ils les auront vues, il suffira de les coincer dans cette boîte.

S'il faut malheureusement passer par la traque de l'octodon, car cela arrive, c'est une course-poursuite qui peut durer un petit moment si l'octodon se trouve dans une pièce bien meublée. La première chose qu'il fera, sera de se faufiler sous les meubles et si possible sous une banquette. Pour faire simple, il ne fera rien pour faciliter la tâche de son maître ! Il arrive que l'on soit obligé de prendre un manche à balai afin de le faire sortir de sa cachette !

En résumé, la patience est la meilleure chose à avoir en cas de fuite d'un octodon !

La cohabitation avec d'autres espèces

Il est possible de faire cohabiter les octodons avec d'autres rongeurs mais impossible de les laisser vivre ensemble dans une même cage, car ils ont tous un régime alimentaire différent et les cages ne sont pas aménagées de la même façon selon les espèces. Cela sera par conséquent possible durant des moments de liberté où l'on ne proposera comme nourriture que du foin, de l'eau et dans une pièce sécurisée.

L'octodon est de nature un animal sociable qui accepte facilement la compagnie d'autres rongeurs, comme le cochon d'inde ou le chinchilla.

Attention toutefois à ne surtout pas le mettre en présence de gerbilles qui sont très bagarreuses ou encore des hamsters.

L'avantage du chinchilla, c'est qu'il a une nourriture assez semblable à celle de l'octodon. Pour cette raison, c'est la cohabitation la plus adaptée, à condition de respecter le mode de vie du chinchilla qui est un animal nocturne. J'ai moi-même fait l'expérience avec mon chinchilla quand il a perdu son compagnon et que mon octodon avait perdu aussi son compagnon.

Tous les deux déprimaient. J'ai alors décidé de les mettre ensemble dans une pièce. Au début, l'octodon râlait beaucoup, typique d'un octodon ! Puis à force de passer du temps ensemble, ils sont restés ensemble tous les soirs de 17 à 23 heures jusqu'à ce que je me couche. Ils couraient ensemble, dormaient l'un contre l'autre et jouaient ensemble ! La cage du chinchilla restait ouverte (il avait une pièce pour lui blindée contre ses petites dents de castor!). Ils ont passé de merveilleux moments ensemble jusqu'à ce que le chinchilla décède de vieillesse. Mon octodon est resté avec lui toute la nuit cette fois-là, car je savais que c'était la fin et le matin au lever, il n'avait pas quitté son compagnon qui était hélas décédé. Cette histoire est très triste, mais montre qu'une entente inter-espèces est possible.

Bien entendu pour parvenir à ce type de cohabitation, il faut prendre de grandes précautions et les premières fois, les surveiller de près pour éviter une bagarre qui pourrait surtout être fatale à l'octodon vue sa taille.

L'autre animal avec qui l'octodon peut s'entendre est le cochon d'inde. Personnellement, j'ai surtout remarqué que les cochons d'inde étaient indifférents à la présence des octodons ! Quant à l'octodon, il ne pense qu'à courir un peu partout sans s'intéresser davantage aux cochons d'inde. En revanche, j'ai encore vécu une expérience avec l'un de mes octodons qui s'était lui aussi retrouvé seul et qui est tombé malade. Il avait fait un AVC. Suite à cela, il cherchait la présence des cochons d'inde et allait se lover contre eux dans un maisonnette en bois. Les cochons d'inde ne disaient rien et acceptaient sa présence.

Personnellement, je pense que la meilleure cohabitation reste celle avec le chinchilla en raison de leur façon de se déplacer : tous les deux sont des grimpeurs, ils aiment sauter et leur nourriture est proche.

Dans tous les cas, il est essentiel qu'une cohabitation se fasse uniquement hors d'une cage pour éviter les problèmes de territoire !

Les autres animaux domestiques sont à exclure, surtout les chats et les chiens qui ne penseraient qu'à ne faire qu'une bouchée du petit compagnon. Quant au lapin, c'est à éviter car car c'est un animal beaucoup plus grand que l'octodon. La proximité avec une volière contenant des oiseaux est également à éviter. Dans leur milieu naturel, ce sont des prédateurs et d'instinct, les octodons les verront comme une menace et ils risquent de s'affoler.

CONCLUSION

Décider d'avoir un octodon, c'est décider d'en avoir plusieurs ! Un octodon n'est pas fait pour vivre seul et se met à déprimer rapidement quand il perd son compagnon. Le choix d'en reprendre un autre pour tenir compagnie à celui qui n'est pas décédé n'est pas évident, surtout chez les mâles qui ne s'entendent souvent que lorsqu'ils ont été élevés ensemble.

Prendre des octodons c'est aussi avoir du temps à leur consacrer. Même s'ils vivent à plusieurs, ils aiment quand la maison est animée de la présence des humains. Cela ne veut pas dire qu'il faut les faire vivre dans le bruit, car certains bruits leur font peur. À titre d'exemple et donc du vécu, l'un de mes octodons n'aime pas entendre de la guitare !

Contrairement au cochon d'inde ou au lapin, les octodons sont des animaux de petite taille et donc qui peuvent se dissimuler facilement sous un meuble. Même s'ils sont apprivoisés, c'est toujours toute une histoire pour les rattraper une fois qu'ils sont en liberté !

Par conséquent, il est très important de se poser les bonnes questions avant de choisir de prendre des octodons.

Du même auteur :

Au pays de Chonland, la guerre des rois Tome 7

Au pays de Chonland, un été de canicule Tome 6 (janvier 2020)

Au pays de Chonland, Vers de nouveaux horizons Tome 5 (août 2019)

Au pays de Chonland, Le village de Grouikland Tome 4 (avril 2019)

Au pays de Chonland, Un hiver difficile Tome 3 (octobre 2018)

Au pays de Chonland, Le village de Pouikland Tome 2 (juillet 2018)

Au pays de Chonland, A la découverte de la forêt Tome 1 (avril 2018)

Tout ce qu'il faut savoir sur les gerbilles (2017)

Comment bien choisir son rongeur (2016)

Tout ce qu'il faut savoir sur le chinchilla (2015)

Tout ce qu'il faut savoir sur le cochon d'inde (avril 2019 nouvelle édition)

Éditeur : Books on Demand GmbH, 12/14 rond point des Champs Élysées, 75008 Paris, France

Impression : Books on Demand GmbH, Norderstedt, Allemagne

ISBN : 9782322237289

Dépôt légal : juillet 2020